AF599510

Ailes brûlées

Madeline Ostermeyer

Ailes brûlées

ISBN : 979-10-377-7802-4

Préface

Et un matin, on se lève, on a trente ans, quarante ans et plus encore… On se rend compte que les années ont défilé à toute allure, qu'elles nous ont laissé quelques rides aux coins des yeux ! L'horloge continue de tourner à toute vitesse, alors on fait le bilan… On repense aux gens que l'on a plus ou moins connus, à ceux qui ont compté, ceux qui sont partis trop tôt et que l'on regrette… et ceux qui nous ont fait rire ou pleurer.

On repense aux moments de bonheur, à ceux dans lesquels on s'est senti seule… aux rêves que l'on avait !

On constate que chacun a tracé sa propre route, certains mieux que d'autres. Mais c'est à ce moment-là qu'on se rend compte qu'il y a plusieurs étapes dans une vie…

Chacune de ces étapes est différente, chacune a un goût et une odeur particulière ! Et à chacune on assimile des visages, des noms, des vécus… des haines et des amours.

Tu vois, c'est ça la vie, en fait : une succession de souvenirs.

2020 : aujourd'hui j'ai trente ans, trois décennies se sont écoulées et j'ai la sensation d'avoir vécu trois vies. Bien que je ne sache pas ce que je veux, je sais enfin ce que je ne veux plus… Je vous laisse survoler une partie de moi au fil de ces pages. Que cela plaise ou pas, c'est moi et c'est comme ça, on ne me changera pas ! Pour les prochaines années, j'aspire à plus de paix et de tranquillité, mais ça… Dieu seul le sait !

Âme sensible s'abstenir, car la censure n'est pas de mise.

Si je devais recommencer ma vie, je n'y voudrais rien changer ; seulement j'ouvrirai un peu plus grand les yeux.

Jules Renard, *Journal*

Retour au commencement

On dit que la naissance vous fait oublier les temps antérieurs. On dit que mettre au jour, c'est mettre à jour, comme un carnet qu'on fait débuter à blanc en lui arrachant des pages…

Année 1980, mes parents font connaissance, bizarrement, alors que mon père est hospitalisé et que ma mère passait par là pour aller voir une copine.

Elle, jeune et jolie, quatorze ans.

Lui, beau et intrigant, dix-huit ans.

Ils se mettent ensemble et c'est parti pour une histoire d'amour. Ma mère vit avec ses parents et sa sœur. Mon père vit avec sa mère, sa grand-mère et sa grande tante qui tiennent une librairie à Nice. Mon grand-père maternel trempant plus ou moins dans la mafia sicilienne, ils sont encore obligés de déménager, mais ma mère décide de s'installer dans le cercle familial de mon père. À dix-sept ans, elle tombe enceinte, et du coup, mes parents se trouvent un logement.

11 août 1984, Benoit voit le jour.

1986, ma grand-mère vend sa librairie et achète un local sur Lantosque dans l'arrière-pays niçois pour y ouvrir un restaurant avec mon père. Tout le monde part donc s'installer là-bas.

24 mai 1986, Jean vient agrandir la famille. Bref les années passent.

28 mars 1990, les contractions commencent, mon père pas inquiet dit à ma mère de patienter… 29 mars, 7 heures, 45 kilomètres de la maternité, il se décide enfin à l'accompagner. Mais bon après je ne sais combien d'heures de travail, il fallait s'y attendre, mon père a dû jouer au sapeur-pompier improvisé dans la Lada. Il s'arrête sur un rond-point et me met au monde. « La fée pas chier » fait son entrée sur les chapeaux de roues.

Et voilà, ici commence ma vie !

Mes quatre premières années se passent comme tout enfant dans une famille aimante. Hormis une hospitalisation lors de mes neuf mois suite à une méningite, je grandis sans embûche. J'ai deux grands frères avec qui jouer malgré notre différence d'âge et quelques chamailleries. Une famille de cinq enfants vit au-dessus de chez nous, donc nous avons toujours de la compagnie. Ma mère, ne travaillant pas, a tout son temps pour s'occuper de nous comme il se doit. Mon père passe les trois quarts de son temps à la pizzeria et le midi nous mangeons chez ma grand-mère dit Granny, car elle habite près de l'école.

1994, il embauche une cuisinière, et là commencent les emmerdes. Il rentre de moins en moins à la maison. Puis ma mère reçoit des appels d'une femme qui lui dit qu'à sa place, elle se suiciderait, que son mari la trompe… Ses dires se confirment, ils finissent par se séparer. Mon père emménage avec sa cuisinière et ma mère reste pour le moment dans notre petite maison.

Une enfance chamboulée

Des yeux de nous enfants, on pense que rien ne peut nous arriver…

C'est parti pour vivre un divorce, je sais bien que d'autres personnes vivent ces changements, mais autant vous dire que lorsque c'est le restaurateur d'un village de 600 habitants et qui plus est a trompé sa femme avec sa cuisinière, ben les ragots vont bon train. On va de temps en temps passer les week-ends chez mon père ou ma grand-mère. Au départ, je m'entendais bien avec ma belle-mère, elle m'avait fait une jolie petite chambre Barbie et acheté plein de poupées. Jusqu'au jour où elle m'a demandé de l'appeler Maman, chose que j'ai refusée du haut de mes quatre ans et demi ! De là, nos rapports se sont ternis et j'ai fini par n'aller plus que chez Granny, en ne voyant mon père qu'en coup de vent au moment du repas ou en passant vite fait à la pizzéria.

Habitant sur les hauteurs du village, on avait la chance de pouvoir profiter d'un jardin en plein soleil, mais ma mère, n'arrivant plus à assumer le loyer toute seule, on s'est retrouvés contraints de déménager. Elle trouve un appartement en plein centre du village. Mes frères décident de partir vivre chez mon père. Ma mère finit par rencontrer quelqu'un, ils sont tous les deux encore mariés de leur côté, mais ils emménagent ensemble. L'entente entre mes parents n'est pas des plus cordiales, jusqu'au jour où ma mère se bat avec Sonia sur la place du village. Une année passe, mais les choses ne sont pas simples, on ne peut plus passer devant le resto sans que ce soit la guerre, et comme il se trouve entre l'école et chez nous, nous sommes obligés de faire un détour à chaque fois.

1995, l'ex-femme de mon beau-père porte plainte contre lui pour non-paiement de la pension alimentaire et lance une rumeur comme quoi il aurait fait des attouchements sexuels à sa belle-fille. Ne pouvant pas s'acquitter de sa dette, il est incarcéré. De là, ma mère ne supportant plus les ragots et la mentalité des gens du coin, décide de partir pour la Drôme où se trouve son père. On habite quelque temps chez la fille de sa compagne avec ses trois fils. Mes frères ont préféré rester chez Granny ne voulant pas quitter leurs amis. On emménage donc chez ma « tatie » à Livron-sur-Drôme. La vie en communauté n'est pas toujours des plus agréables, mais tout le monde essaye de prendre sur soi le temps que ma mère obtienne un logement. Quelques semaines plus tard, on intègre un F3 dans une cité HLM et je rentre dans ma nouvelle école.

Ma mère se remet en couple avec l'ex-beau-fils de mon ex-beau-père (oui rien n'est jamais très simple dans ma famille). On se trouve dans un quartier où les Français ne courent pas les rues, à part nous, une famille de Blancs et une famille de Gitans, le reste sont des étrangers, mais on s'intègre tant bien que mal. Mon entrée à l'école se passe bien, étant bonne élève, je ne tarde pas à me faire des ami(e)s. Ma mère travaille comme serveuse et est souvent amener à bosser le soir. Quand je sors de l'école, je la rejoins en attendant que mon beau-père rentre à la maison. Ensuite il s'occupe de moi jusqu'au retour de ma mère. Au début ça se passe plutôt bien, mais lui n'aimant pas spécialement les enfants, nos rapports s'étiolent. À croire que je suis destinée à ne pas plaire à mes beaux-parents. Par chance, j'arrive à occuper mes temps non scolaires avec l'UNSS les mercredis et mes cours de danse classique. Habitant une petite cité avec pas mal d'enfants de mon âge et surtout un grand parc de jeux, je passais la plupart de mon temps dehors.

Enfin réunis

On se rend compte de l'amour que l'on a pour l'autre que lorsque l'on est séparés…

1997/1998, ma mère arrive à avoir un logement plus grand, toujours dans la cité, et mes grands frères finissent par revenir habiter avec nous. Ils intègrent le collège de Loriol. Leur entente avec notre beau-père n'est pas très fluctuante non plus, mais on fait avec. Nous essayons de passer les vacances scolaires chez notre grand-mère afin de pouvoir voir notre père et nos amis d'enfance. On commence à grandir et évidemment à faire des bêtises, petits vols dans les magasins, premières cigarettes (je me rappelle qu'on faisait six kilomètres à vélo pour acheter des cigarillos et des Joe cola), bref rien de bien méchant.

Puis un jour, mon frère Benoit fait une fugue et retourne chez ma grand-mère.

1999, ma mère et mon beau-père se séparent, car notre cohabitation se dégrade de plus en plus. Et comme par hasard, mon ex-beau-père réapparaît et ils se remettent ensemble.

2000, ma mère nous demande si nous voulons retourner vivre dans la Vallée de La Vésubie près de notre père. Il est évident que c'est un grand oui que nous lui répondons. On repart donc vers notre lieu de naissance, un petit appartement au calme au vieux Roquebillière. Je fais mon entrée en sixième au collège Jean Salines et par la même occasion je retrouve mes copines. La première année se passe bien malgré les brimades des plus grands, en particulier les collègues de mes frères. Mais bon je laisse couler. On passe nos week-ends en vadrouille avec nos potes. Étant donné qu'on est dans un petit village, il ne pouvait pas nous arriver grand-chose.

Ma mère tombe enceinte.

Et voilà que le 2 mai 2001 arrive la petite Leïla. Un peu à l'étroit pour accueillir ce nouveau bébé, on trouve un logement plus grand sur Lantosque. Mes frères décident de rester vivre chez Granny, ça va, c'est à 400 mètres. Je passe en cinquième, mais la petite fille sage et qui se laisser faire finit par se rebeller. Changement total de look, un peu trash, mais je reste quand même bonne élève. On passe nos soirées à traîner sous l'abri de bus entre copines. Pendant l'été on va aux festins, en stop la plupart du temps et bien sûr, on fait les conneries qui vont avec : alcool, pétard…

2003, mon beau-père, ayant quelques soucis avec certaines personnes, un soir, on part pour aller vivre à Nîmes dans le Gard. C'est reparti pour une nouvelle ville, un nouveau collège et de nouvelles connaissances. Collège Feuchères, rien à voir avec mon petit collège de montagne, cinq à six fois plus d'élèves et je ne connais personne. Je n'arrive pas vraiment à m'y faire, je me bats, mes notes chutent et je manque de plus en plus souvent les cours. Puis un soir en rentrant de cours, je rencontre une fille, Kayla, elle a un an de plus que moi. On devient copines, on s'entend bien, elle est gitane et se débrouille toujours pour avoir des sous. On flâne des journées au parc à faire du roller ou des sessions de paintball et à courir les magasins pour s'acheter des bricoles. Elle est dans le même collège que moi donc on se motive de temps en temps à suivre les cours. Par la suite, elle deviendra la mère de mon neveu. Bref…

Automne 2003, lors d'un festin dans l'arrière-pays, « le retour des bergers » où j'étais en vacances, en redescendant avec des potes en voiture, je vois un homme faire du stop. On s'arrête pour le ramasser, bien éméché, mais je ne sais pas, y a quelque chose qui m'attire chez lui, Yoann…

Il paraît que les contraires s'attirent

Le coup de foudre vous tombe toujours dessus quand vous vous y attendez le moins...

Le voilà qui monte dans la voiture. Bien sûr, du haut de mes treize ans, ce n'est pas sur moi qu'il jette son dévolu, mais sur une de mes copines qui est plus âgée. Il a 24 ans, il est beau comme un Dieu et surtout il n'est pas de la vallée. Je rentre chez moi, car vu mon âge, malgré mes formes et ma maturité, je n'ai pas la moindre chance. Fin 2003, je décide de partir vivre chez ma grand-mère et de reprendre ma scolarité où je l'avais laissée. Je redouble ma quatrième. Autant dire que cette année-là fut géniale. On n'est pas beaucoup dans la classe et on devient une bonne bande de potes. Et je retrouve Julia, une fille que je connais depuis la maternelle, mais avec qui je n'avais jamais été trop copine, mais cette année-là, on deviendra les meilleures amies. On passe quasiment tout notre temps ensemble, je dors chez elle presque tous les soirs.

2004, ma mère nous fait une deuxième petite sœur, le 6 mai, la petite Marie naît.

Benoit se met en couple avec une fille, Carrie, il a l'air heureux. Jean fait un CAP jardinier/paysagiste et moi je passe en troisième.

Revenons un peu à Yoann, je m'aperçois qu'il habite à Lantosque depuis peu, sa mère et son beau-père ayant acheté le restaurant « La Source », il est venu s'installer ici pour se mettre au vert. Il travaille de temps en temps comme cuisinier avec mon père quand vraiment il a un coup de bourre. Je le croise quelques fois et un soir je passe une soirée chez lui avec mon copain du moment. En réalité, j'y suis allée en espérant le rendre jaloux, chose que j'apprendrai bien plus tard avait bien marché. Étant toujours en froid avec ma belle-mère, je vois peu mon père et y a bien des conflits entre nous. Sonia part pour Limoges, sa ville natale où ils ont l'intention d'ouvrir un restaurant tous les deux. Il fait des va-et-vient entre ici et là-bas durant la période des travaux. Puis un jour, avant de partir pour quelques jours, il m'annonce qu'en rentrant il aura une surprise pour moi. Lui demandant un scooter depuis des semaines, je suis trop contente en pensant que ce sera ça, mais sa surprise sera tout autre…

J'attends avec impatience son retour et commence à me lier d'amitié avec Carrie, la supposée copine de Benoit. Malgré notre différence d'âge, elle m'invite à dormir chez elle et on passe de bonnes soirées. Mon père finit par rentrer de déplacement et à ma grande surprise, la nouvelle qui m'annonça n'était pas du tout qu'il m'avait acheté un scoot. Le choc total, il a quitté Sonia qu'il trompait depuis quelques semaines avec Carrie, qu'il emménageait avec elle et que moi aussi par la même occasion… autant vous dire que je tombe des nues, premièrement parce que c'était censé être la nana de mon frère, mais aussi parce qu'elle a vingt ans de moins que lui. Bon après tout, c'est leur choix, et étant quand même bien contente que Sonia ne soit plus là et que je puisse voir mon père comme je le souhaite, je m'en réjouis. Ils prennent un appartement ensemble avec une petite chambre pour moi, trop heureuse, car je n'avais plus dormi chez mon père depuis dix ans et que chez ma grand-mère, je dormais à même le sol sur une chauffeuse dans le salon. Ma troisième se passe, j'obtiens mon brevet de justesse et passe en seconde au Lycée de la montagne à Valdeblore. Ce lycée vient juste d'ouvrir ses portes et on n'est pas beaucoup d'élèves. Je suis à l'internat et on s'éclate vraiment. On met peu de temps à se rendre compte que les alarmes ne sont pas branchées, du coup on passe nos soirées dans l'internat des mecs. Julia n'est pas dans le même lycée que moi, mais on se voit toujours les week-ends. Mon père m'a offert mon scooter ce qui facilite nos déplacements.

En prenant le bus pour monter en cours, sur les bords des routes, je vois une entreprise de taille de pierre qui refait les parapets et là je m'aperçois que Yoann fait partie des employés. Je l'observe à chaque fois que je passe. Au mois de mars 2006, je décroche des cours et sur un coup de tête décide de partir chez ma mère qui avait quitté Nîmes pour Lestrem dans le Nord Pas de Calais. Je finis mon année scolaire à la maison et me réinscris pour l'année suivante. Je passe cet été-là en vacances chez Granny et bosse au Bar de la place comme serveuse au black. Yoann étant client, on est amenés à se voir souvent, jusqu'à ce fameux soir.

Le soir de notre premier baiser, je crois que je n'oublierai jamais ce moment.

Peu importe le flacon, l'important c'est l'ivresse.

On est le 9 août 2006, le soir de la Sainte Amour, je travaille pour Vallée de Cœur qui organise une soirée. Je fais le service et il est là. Toute la soirée il me tourne autour et charrie mon père en l'appelant beau papa. Il est beau, avec son jeans pat d'eph, sa chemise blanche et ses magnifiques cheveux longs blond vénitien. Puis ayant un peu bu, il craque et finit par m'embrasser et nous finissons la soirée chez lui…

Mais bon, je sais que la semaine d'après je dois retourner dans le Nord. Je lui écris donc une lettre en lui laissant mon adresse et mon numéro de portable. Et je repars, et plus de nouvelle, alors je me dis qu'il faut que je l'oubli et poursuit ma vie je rencontre d'autres hommes, mais je n'arrive pas à me détacher de lui. Ne m'intégrant pas au lycée, je change d'établissement et entame un BEP sanitaire et social. Mais rien n'y fait, j'ai pourtant de bons résultats, mais je suis trop différente des autres. Jusqu'à fin mars 2007, je continue ma scolarité tant bien que mal. Puis un soir, je reçois un message… Yoann, moi qui pensais qu'il m'avait oublié : « Je veux que tu sois ma femme, tu me manques » et là c'est le bonheur. Je fais une crise à ma mère pour retourner vivre chez ma grand-mère.

10 avril, je suis de retour à Lantosque. Je vais dormir chez Julia puis le lendemain en redescendant à pied de chez elle, quand j'arrive à l'entrée du village, je le vois au loin. Ses cheveux dans le vent, toujours son incontournable pat d'eph sur les fesses et il monte sur sa bécane. Je passe devant lui en faisant mine de faire la tête et il me dit de passer chez lui.

Réussir ce n'est pas toujours ce qu'on croit. Ce n'est pas devenir célèbre, ni riche ou encore puissant. Réussir, c'est sortir de son lit le matin et être heureux de ce qu'on va faire durant la journée, si heureux qu'on a l'impression de s'envoler. C'est travailler avec des gens qu'on aime. Réussir, c'est être en contact avec le monde et communiquer sa passion. C'est se coucher le soir en se disant qu'on a fait du mieux qu'on a pu. Réussir, c'est connaître la joie, la liberté, l'amitié et l'amour.

Je dirais que réussir, c'est aimer.

R. Schneider

Et là, commence la vie à deux

Le cœur de la femme est un labyrinthe de subtilités qui défie l'esprit grossier du mâle à l'affût. Si vous voulez vraiment posséder une femme, il faut d'abord penser comme elle et la première chose à faire est de conquérir son âme.

Carlos Ruiz Zafon

J'hésite quand même deux jours avant de me lancer. Déjà parce qu'il est plus vieux que moi, mais surtout parce qu'il a eu quelques soucis avec mon frère Benoit et que s'il apprend ça, il me dégomme ! Mais je finis par me décider et le soir du 14 avril je descends chez lui. Un petit repas, un câlin devant la télé puis dans la nuit je rentre chez moi. On se verra comme ça pendant deux semaines, jusqu'au jour où il décide de me laisser les clefs de son appartement. J'emménage donc chez lui malgré les désapprobations de ma famille et de la rouste que mon frère m'a mise. Ne voulant pas qu'il m'assume financièrement, je postule à la maison de retraite où j'avais fait un stage et par chance, il y a un poste à mi-temps. J'affectionne le métier d'aide-soignante et commence ma vie professionnelle avec envie. Quelques mois se passent avec des hauts et des bas, quelques disputes qui dégénèrent un peu violemment. Puis le père de son patron a une petite maison à louer sur Gorblaou pour pas trop cher. On décide donc d'emménager là-haut au calme. Manque de bol, il se fait annuler son permis et moi étant encore trop jeune pour passer le mien, ben je me retrouve quelques fois à descendre et remonter à pied pour aller bosser. Sept kilomètres, autant vous dire que ça fait mal à 4 h du matin. Puis je finis par avoir une petite bécane qu'on a retapés nous-mêmes, lui m'apprenant l'art de la mécanique. Mon mi-temps se transforme en temps plein vu que je fais souvent des remplacements. J'essaye de passer au moins une fois par jour chez ma grand-mère pour voir si tout va bien et si elle a besoin de quelque chose. Mon père finit par se marier avec Carrie et ils ont déjà deux enfants Loïs et Suzie. Ils viennent de reprendre « Le Bar de la place » en gérance après avoir vendu la pizzéria. Benoit travaille avec eux et Jean poursuit sa vie, il a déjà un petit garçon. Puis un soir, on a une soirée entre collègues de boulot. Fatalité, en descendant, je crève un pneu de la bécane. Je préviens donc Yoann, qui m'envoie un peu balader alors je lui dis que je dormirais chez ma grand-mère, mais les choses se passeront différemment. La soirée se passe bien, tout le monde rigole, le seul homme présent c'est l'infirmier, la cinquantaine plutôt bel homme. On mange, on boit, un peu trop, puis je remarque bien les regards insistants de J M et à mon grand regret finit la soirée chez lui… Yoann a essayé de me joindre toute la nuit, mais n'ayant plus de batterie après plusieurs sonneries, je le laisse sans nouvelles. Quand je finis par rentrée le lendemain, il ne fut pas dupe et là éclata une grosse dispute. Je fonds en larme tout en demandant pardon. Notre aventure durera quand même quelques semaines puis je finis par y mettre un terme.

Et un soir, je demande à Yoann de m'épouser, il me dit : « Oui » et voilà que je commence les préparatifs. C'est prévu pour le 13 décembre 2008, je retire le dossier à la mairie dès le lendemain. Ayant une collègue de boulot styliste, elle me propose de confectionner ma robe. On passera quatre mois à la réaliser sur mesure, mais le résultat fut unique et splendide. Son costume à lui fût original aussi, chemise blanche à col mao, pantalon de cuir noir. Ma robe avec la traîne ivoire et le corset bordeaux, une étole ivoire sur les épaules. Un beau chignon avec des anglaises qui retombent et des petites roses en papier pour agrémenter ma coiffe. Ongles et maquillage faits par l'esthéticienne, et nous voilà fin prêts pour le moment M. nos familles respectives ne s'apprécient pas trop vu leur concurrence commerciale, mais ce jour-là, tout le monde essaye de mettre de l'eau dans son vin. Le seul qui n'assista pas à la cérémonie fut Benoit et ma mère qui n'a pas pu faire le voyage.

11 heures du matin, on passe devant le maire, ce fut une belle cérémonie, car le maire nous connaissant très bien tous les deux, fit un beau discours.

En tant que Dieu de mon univers, je nous déclare Mari et Femme.

Tueurs nés

Et nous voilà la bague au doigt.

Pour le midi, sa mère organise le repas dans son restaurant en petit comité et le soir mon père a préparé un grand buffet dans son bar avec DJ. La seule chose dommage c'est que c'est porte ouverte et il y a certaines personnes dont j'aurai préféré éviter la présence. Je suis contente, car Benoit est là. Enfin, la soirée se passe bien dans l'ensemble, hormis quelques remarques désobligeantes de la part de certains à la fierté mal placée.

Tellement emballée par le fait de vous raconter un des plus beaux moments de ma vie, que j'en oublie certaines mésaventures. Un soir, nous sommes tous les deux au bar avec mon père puis je passe vite fait chez mon frère. On reste un moment ensemble puis je ne sais pas, j'ai comme le pressentiment que quelque chose de grave va se produire au bar, alors je décide d'y retourner. Ça n'a pas raté, je me gare sur le parking et vois les pompiers. Yoann sort en furie avec du sang plein le torse, moi en panique le rejoins, il me dit qu'il est un monstre, prend la voiture et part. De là, j'entends mon père qui cri et le vois avec les pompiers, un bout de son oreille à la main… non, non, vous n'hallucinez pas, mon homme lui a arraché un bout d'oreille avec ses dents durant une bagarre. Voilà au moins vous comprenez mieux les tensions qu'il peut subsister entre nos familles.

- Et voilà, la soirée se termine et tout le monde rentre chez soi. Mon contrat à la maison de retraite s'arrête et Yoann décide de se mettre à son compte. On démarre donc l'activité de maçonnerie générale et taille de pierre ensemble, en scooter. Quelques fois nous donnons un coup de main au restaurant de sa mère. L'année touche à sa fin et nous sommes heureux.

Un être cher

La douleur de la mort d'un proche n'a aucune description, c'est comme si une partie de mon cœur était mort avec lui...

Évidemment que les bords de la plaie luttent pour se refermer et que l'horloge voudrait qu'on la remonte.

Le mec de la tombe d'à côté

Dimanche 4 janvier 2009, je me lève et là je reçois un coup de fil de mon père. Chose qui arrive très rarement. Il est 10 h 10 et voilà les mots que j'entends : « Ton frère c'est tiré une balle dans le cœur, mais ne t'inquiète pas, il est vivant, il vient de partir en hélicoptère. »

Et à ce moment-là, tous s'effondrent, je sais que Benoit restera sans vie. Je bois un coup pour essayer de reprendre mes esprits et file en trombe rejoindre mon père. J'arrive, il y a des gendarmes partout. Je hurle de douleur tellement fort, c'est viscéral. On attend le coup de fil de l'hôpital en stress, mais cet appel ne viendra pas. Mon père finit par arriver à joindre quelqu'un du service… le verdict tombe, il n'a pas survécu. Là c'est le drame… c'est comme si on m'avait arraché un bout de cœur. Il a décidé de nous laisser comme ça du jour au lendemain. Rien, pas une lettre pour expliquer son geste de désespoir. Et là, s'enchaîna une série de choses auxquelles nous n'étions pas préparés.

Mon dernier souvenir de lui, 31 décembre 2008, on se croise dans le hall d'entrée de chez ma grand-mère. Il est bien sapé comme à son habitude. « Tchusss ma sœur je pars à Beuil, orgie générale » ces mots raisonnent dans ma tête depuis ce jour. Il a l'air heureux et il part. Minuit, il m'envoie les vœux de fin d'année. Si à ce moment là, j'avais su que ce seraient les derniers instants que je passerai avec lui…

Déjà il faut appeler ma mère pour la prévenir, la catastrophe, elle est complètement démunie à l'autre bout du fil. Elle pleure, elle ne sait pas comment venir faute de moyen, je la rassure et lui paye son billet de train. On prévient Granny qui accuse difficilement le choc, elle ne viendra pas à l'enterrement. Le soir, on descend chercher Jean à Antibes, il est dans tous ses états. Le lundi se passe, on va chercher ma mère et la demi-sœur de mon père (qu'on n'avait pas vu depuis 15 ans) à la gare de Marseille. Puis tout s'enchaîne, les préparatifs de la cérémonie qu'on souhaitait seulement en famille, les condoléances fusent et les ragots commencent. Nous sommes le 6 janvier, le jour des Rois, c'est un mardi. On descend à Tzanck chercher son corps pour la mise en bière. Je le vois là, gisant sur une table, tout froid, sans vie… il a le visage apaisé, même mort il est beau comme un Ange. Je l'embrasse et lui dis à quel point je l'aime. Nous suivons le cortège jusqu'au cimetière et quand nous arrivons, au lieu du respect des gens à notre demande d'intimidité, nous trouvons une foule immense qui nous attend. Voir tous ces faux culs venir nous serrer la main me débecte, on suit lentement Benoit jusqu'à sa dernière demeure… J'ai du mal à réaliser que je ne verrai plus mon frère, hormis au travers de cette lourde pierre.

Quand on n'obtient pas de réponse, on se pose toujours des questions.

Je passe des journées entières à fouiller son appartement dans le but de trouver un indice, quelque chose pour expliquer son passage à l'acte. Mais rien d'explicite, hormis quelques phrases au sujet d'une fille dont il ne mentionne pas le nom. Bref je sais qu'il avait un souci avec la drogue puis l'alcool. Puis cette histoire avec Carrie. Les rumeurs fussent bon train sur le fait que mon petit frère Loïs serait son fils, qu'il était soi-disant homosexuel et n'assumant pas sa différence il aurait préféré mettre fin à ses jours. Qu'il avait commis des vols et qui doit pas mal de pognon.

Enfin, la vérité on ne la saura jamais et toutes ces questions resteront sans réponse…

Une famille brisée

À présent, ma vie intérieure ressemblait à une terre brûlée, sans arbre et sans oiseau, à jamais figée dans le froid de janvier. Je n'avais plus d'appétit, ni envie, hormis celle de me cramer quotidiennement les neurones à coup de médicaments pour diluer les souvenirs trop douloureux à affronter.

G. Musso

Nous voilà tous en deuil et pour ma part, toutes ces questions sans réponse et ma profonde culpabilité me feront dériver. Sachant que mon frère était toxicomane, je me dis que la seule chose à faire pour savoir pourquoi il a fait ça était de passer par les mêmes états. Et c'est comme ça que je décide de m'imprégner de la drogue. On rencontre Tony et on commence à sniffer et à fumer de la cocaïne. Sauf que Tony se pique et quand je vois l'état dans lequel ça le met, il me vient l'envie d'essayer, et là c'est la descente aux enfers.

La sensation que l'on ressent lors d'un shoot est indescriptible. Entre « Requiem for a dream » et « Trainspotting », ça vous prend le cerveau, dans les tripes, après plus de quatre ans de sevrage, j'en ai mal au bide. Au début, ça reste occasionnel, mais au final les soirées s'enchaînent. Tony nous présente deux, trois collègues à lui à Nice puis voilà… une fois qu'on tombe dedans, on tombe vraiment, enfin on arrive quand même à joindre les deux bouts et à se tenir à peu près droit devant les autres. Puis vient l'été et un soir de festin Yoann fait la rencontre de Dany, il me le présente, ma première réaction fut : « Non, mais c'est quoi se regard de fou ? » puis bon je finis par faire connaissance avec lui.

C'est un dealer, il est au « final » plutôt sympa et sa fonction nous arrange bien. Bref, on se lie d'amitié avec lui, on échange les soirées repas et les petits services. Un peu de deal dans tout ça. On passe la plupart de notre temps libre ensemble. Les premiers mois sont plutôt cool, mais les choses commencent à devenir trop pesantes à la longue. Je suis en train de passer mon permis de conduire, mais je galère, nous sommes au mois d'octobre et ça fait déjà quatre fois que je le loupe. Novembre, je commence à faire un CAP fleuriste en alternance, entre la FAC des métiers à Cannes et le fleuriste de Lantosque, ça me plaît bien. Décembre, je finis par avoir mon permis, il était temps, car on avait déjà acheté la voiture.

Et là, c'est la catastrophe, ma grand-mère fait un AVC, elle est hospitalisée à la clinique des Sources sur les hauteurs de Nice. La fatalité fait que mon père et mon frère doivent partir en vacances et je me retrouve seule à gérer le problème. Je cumule le travail, les aller-retour à la clinique et les soirées destroy pendant quelques semaines. Dany commence à nous mettre la pression, il doit des sous et ne sait pas comment faire pour rembourser dans les temps. À force de ses harcèlements, on finit par essayer de trouver des solutions. Entre ce qu'on a à notre disposition puis nous vient l'idée de braquer l'ex de Yoann. En sachant qu'elle a toujours du liquide chez elle, un soir on la guette. On défonce la porte puis ramasse 350 euros, on est bien loin de la somme qu'il doit rembourser, mais cela devrait suffire à faire patienter. Malheureusement, ma parano me rattrape et je suis persuadée que son ex sait que c'est nous, du coup je craque et lâche le morceau. Ma grand-mère décède le 6 janvier 2010, et là je touche le fond. Je m'occupe des papiers, le travail, les cours, la défonce… Je quitte la FAC et lâche la fleuriste. Je commence à bosser à l'hôtel de camp d'argent avec l'ex à Yoann pour lui rembourser notre dette. Vient le mois de mars, je perds de plus en plus de poids, j'atteins les 56 kilos, je pars en vrille totale, j'ai des hallucinations. Yoann est obligé de me faire manger, de me laver et m'habiller. Je crois qu'il me met des médicaments dans l'assiette. C'est de pis en pis, quand vient le moment où il n'arrive plus à m'assumer et avec mon père, il décide de me faire hospitaliser aux urgences psychiatriques de Nice. J'y resterai trois mois enfermés, sous cachetons et gavée de plats hypercaloriques. Contentionnée à plusieurs reprises. Une expérience dont je ne suis pas fan de me souvenir. J'aurais dû y rester six mois, mais ma mère arrive à m'en faire sortir au bout de trois sous prétexte qu'elle a besoin de moi chez elle. Bref je monte donc dans le Nord avec mes traitements. Ma mère se fait opérer et je reste seule avec mon beau-père et mes sœurs dont je m'occupe la journée. Je rejoins mon mari au bout d'une vingtaine de jours. On a perdu notre maison, on crèche un peu chez sa sœur puis on part vivre à l'hôtel où on travaille tous les deux sous la coupe de sa mère qui me sort des yeux. On se trouve à Turini Camp d'Argent, dans une station de ski à plus de 1500 mètres d'altitudes, on est payés une misère et on est traités comme des chiens, un enfer… Jusqu'au jour où en plein service je prends mes cliques et mes claques et je pars de là-haut à pied.

Deux jours après, mon père me colle dans un train pour chez ma mère. Là-bas je rencontre Gaël, un gitan, très bel homme, très gentil peut être même trop. On reste quelque temps ensemble puis au moment d'emménager, je pète un plomb et repars encore avec Yoann qui me colle à la peau. En prévision de mon retour, il nous trouve un appartement au Col du Turrini. Et nous voilà repartis dans nos mésaventures…

On se remet à fréquenter Dany et bien souvent je me retrouve à descendre de là-haut jusqu'à Pélasque parfois même à pied pour aller chercher notre dose… souvent je resterai dormir chez lui, et peu à peu il devient mon confident. Je lui raconte toute la souffrance que je ressens au quotidien avec Yoann. Mais je ne me rends pas compte qu'il est en train de tomber amoureux de moi… un soir on descend sur Nice, Yoann est déchiqueté… et je sens la main de Dany se rapprocher de la mienne et voilà qu'on s'embrasse… Dans la semaine qui suit, on vient dormir chez lui et après une soirée bien agrémentée, alors que Yoann se remet une dose dans la chambre, je finis dans ses bras et on finit par prendre la décision de s'enfuir tous les deux à Salon-de-Provence dans le Var. Il prépare un peu le coup en achetant une Mercedes et le point d'atterrissage sera la caravane de son cousin où il crèche pour des chantiers EDF avec une condition sinéquanone qu'on arrête tous produits illicites, ce qu'on fait.

Et voilà, arrive le jour J.

La fuite

Les liens se font et se défont, c'est la vie. Un matin, l'un reste et l'autre part, sans que l'on sache toujours pourquoi. Je ne peux tout donner à l'autre avec cette épée de Damoclès au-dessus de la tête. Je ne veux pas bâtir ma vie sur les sentiments, parce que les sentiments changent. Ils sont fragiles et incertains. Tu les crois profonds et ils sont soumis à une jupe qui passe, à un sourire enjôleur. Des gens qui s'aiment pour la vie... moi je n'en connais pas.

G. Musso

Et nous voilà partis un beau matin de novembre. Quelques affaires dans le coffre de la merco, un arrêt au comptoir de l'or où l'on vend bijoux et pièces de monnaie anciennes, histoire d'avoir un peu de liquide sur nous, et on rejoint l'autoroute. Quelques heures plus tard, nous voilà à Salon-de-Provence, un sentiment de liberté nous envahit, on est jeunes, beaux et heureux, avec tant d'ambitions dans la tête. On s'installe et dès le lendemain on commence à prospecter partout à la recherche d'un emploi et on se fait tous les deux dépistés afin d'être sûrs de ne pas avoir de maladie. Lui, jamais un mot plus haut que l'autre, je suis sa beauté, sa princesse… Moi au fil des semaines, le souvenir enivrant de Yoann me monte à la tête. Notre anniversaire de mariage approche ce qui ne fait qu'empirer les choses. Il m'enlève le téléphone, il sent que je prends de la distance. Nos démarches ont du mal à aboutir…

Vient la période de Noël où nous décidons de rentrer au Pays pour passer les fêtes auprès de sa famille, Le Gabre de Bonson, Plan du Var. Cette année-là, je passerai un beau Noël, un repas délicieux, une bonne ambiance et des cadeaux à foison. 31 décembre 2010, on part en rave du côté de Contes, excellente soirée…

Et le 3 janvier 2011, je déraille, je passe par mon Facebook sur l'ordinateur de sa mère afin de rentrer en contact avec Yoann prétextant une fausse excuse de mise en accord concernant notre divorce pour être amené à le voir. Il me dit de venir l'après-midi même. Dany est en train de bricoler sur la voiture quand je me prépare à partir. Je lui demande si je peux la prendre et il me demande pour aller où ! Il finit par me laisser m'en aller en me disant que si d'en les deux heures qui suit je ne suis pas de retour, il contactera la gendarmerie…

Je me demande constamment, comment nous en sommes arrivés là ? À ne pas réussir à s'oublier, quoi qu'on fasse. À continuer de faire nos vies sans jamais pouvoir se chasser de nos pensées. À se reconstruire chacun de notre côté, en espérant toujours secrètement nos retrouvailles. Comment peut-on en arriver à une telle situation, à ne plus oser dire les choses, à attendre l'un de l'autre des petits gestes en guise de preuve d'amour, à s'aimer secrètement tout en faisant croire qu'on s'est oubliés ? Comment est-ce possible que nos cœurs battent à une telle vitesse sans même que l'autre ne soit là pour le partager avec nous ? Comment peut-on s'aimer en secret, et continuer de se déchirer en se disant que ça y est, on s'aime plus ? C'est difficile l'amour, ça contient des pièges et parfois, on tombe dedans s'en même s'en rendre compte. Et je suis tombée pour lui, à nouveau. Je pense toujours que c'est la fin, puis un beau jour, mon cœur fait ressortir tous ces sentiments enfouis pour me frapper en pleine figure avec, et comme chaque fois, je me relève et je comprends que non, l'amour n'est pas mort et que l'heure est venue d'affronter à nouveau cette vague de sentiments. Mais chaque fois, une seule et même question hante mon esprit : vais-je affronter cette vague toute seule, ou serai-je accompagnée par le cœur qui fait battre le mien ?

« Mes maux d'amour, c'était toi et moi,
maintenant c'est moi sans toi »

… Mais les choses ne se passeront pas ainsi…

Et me voilà arrivant à Turrini, Yoann m'ouvre la porte, mon cœur palpite et je fonds dans ses bras… Ma décision est prise et je passe la soirée avec lui, bien sûr on repart à la recherche de pulsation à nous mettre dans les veines. J'informe Dany de mon ressenti sur la suite des événements et on convient que le lendemain, je passerai afin de récupérer mes affaires.

La vie est rasoir et inutile. Au départ, on est plein de rêves extraordinaires et puis on se retrouve assis dessus. On se rend compte qu'on va tous y passer sans avoir vraiment trouvé les bonnes réponses. On prend au sérieux toutes les théories à cent litres de salive à l'heure, et, en fait, ce sont nos propres vies qu'ils nous servent, mais sous d'autres formes. Et jamais ils nous ont muselé les pattes avec des trucs cohérents sur les vraies grandes choses. En deux mots. En deux mots, ta vie est courte, décevante et ensuite tu meurs. On occupe nos vies avec de la merde, comme les carrières et les relations, pour nous faire croire que tout n'est pas totalement inutile.

Danny Boyle dans *Trainspotting*

4 janvier 2011

Nice : une jeune femme brûlée vive par son ex-amant. Les circonstances du drame demeurent imprécises, mais d'après les premiers éléments de l'enquête, il s'agirait d'une scène de rupture qui aurait mal tourné. Mardi, en début d'après-midi, Emmanuelle, Niçoise de 20 ans, se rend à Bonson accompagnée de son mari. Elle vient annoncer à Daniel, son amant, la fin de leur liaison. La réaction du jeune homme de 27 ans ne se fait pas attendre. Dans un excès de fureur, il asperge Emmanuelle d'un produit inflammable avant d'y mettre le feu. Le temps que des témoins lui portent secours, la jeune femme est grièvement brûlée sur tout le haut du corps. Son agresseur, lui, a le temps de prendre la fuite, mais il est vite rattrapé par les gendarmes. Manifestement saoul, il est arrêté puis placé en garde à vue. Sa victime étant hier soir dans un état préoccupant. Plongée dans un coma artificiel, elle a été transférée au service des grands brûlés de l'hôpital Sainte-Anne à Toulon. Les enquêteurs de la brigade de Roquesteron ont été saisis de l'enquête.

Archives, *ELLE*, 05/01/2011

Odeur d'essence dans les narines, les flammes, la peur au ventre, mon visage, non pas mon visage, je colle mes mains sur mes yeux et me mets à courir. Je suis en panique, je ne sais plus quoi faire. C'est fou comme dans ce genre de situation, on peut perdre tout contrôle de soi. Faut dire qu'on ne se prépare jamais à ce moment, dans la tête d'une gamine de 20 ans, ça n'existe que dans les films, et encore…

Je brûle, je hurle et je coure de toutes mes forces en direction de Yoann, la sirène des pompiers raisonne dans ma tête, mes yeux vacillent et là black-out… Plus rien, piqûre d'adrénaline et le néant…

7 février, je parle avec Titus dans un halo de pâle lumière blanche : « Ce n'est pas le moment, tu dois y retourner ». Mes yeux s'ouvrent, mon père est là, assis à mes côtés : « C'est papa ! » Euh ouais, en fait ça fait 20 ans que t'es mon père donc je commence à le savoir, ces mots restent bloqués au fond de ma gorge. Des tubes sont reliés partout sur mon corps, trachéotomie et tutti conti, bandages et compagnies. Mon père reste un moment à mes côtés et je me rendors. Prochain réveil, une flopée de médecins m'entourent, j'entends des phrases que je ne veux pas écouter. « Je ne sais pas si un jour elle pourra remarcher cette petite. » What the fuck ! Comment ça pas remarcher, une larme coule au coin de mon œil. Ça, ce n'est même pas concevable. En réalité, je ne sais même pas ce qui m'est arrivé, tout ce que je sais, c'est que plus d'un mois c'est écoulé. Je m'imagine tout et n'importe quoi, accident de voiture, je crois avoir tué des gens sur la route… On m'enlève la trachéo et je chope une infirmière,

je lui demande un miroir, la chambre n'en dispose pas et j'ai besoin de voir ma tronche… Je lui demande ce qui s'est passé, elle ne veut pas cracher le morceau, j'insiste et elle finit par me dire : « Il semblerait que ce soit votre ex-amant qui vous ait immolé d'essence ».

Le flash, tout me revient en tête, Dany, les flammes, bref je sais enfin ! Les psys passent me voir, mais moi les psys, je m'en tamponne le coquillard. Je veux ce putain de miroir ! Ouf, sauvée, miroir de poche dans le sac d'une aide-soignante. Olala la troche que je me paye, boursouflée çà et là, bandage en œuf de pâques ou en princesse Leïla, au choix. Une semaine après, les kinés passent me voir, on est le 14 février et ils décident de me lever. Mon corps a du mal, mais il finit par bien vouloir suivre le mouvement et je fais quelques pas. Mon infection pulmonaire étant soignée, je suis transférée dans un centre de rééducation à Lamalou-les-Bains du côté de Béziers. Ayant été brûlée au 2e et 3e degré profond sur le visage, les mains et une partie du bras gauche, des greffes ont été nécessaires. Pour les réaliser, ils m'ont prélevé la première couche de l'épiderme sur les cuisses et le bras droit. Treize opérations en un peu plus d'un mois. Ils me les ont ensuite posés aux endroits les plus abîmés et agrafés le tout.

Je suis en fauteuil roulant pendant quelques semaines. La misère, dépendante du bon vouloir des aides-soignantes pour aller pisser, une voisine de chambre qui hurle toute la nuit de douleurs fantômes. Je refuse d'intégrer le réfectoire, car je ne veux pas qu'on voiet ma gueule, je bois à la paille, je sais même plus ouvrir la bouche, t'façon j'ai plus de bouche. Ça craint ! Programme chargé la journée, pansement, kiné, ergothérapie, sport afin de récupérer de la masse musculaire. Vous me direz, le point positif dans tout ça, c'est que j'ai perdu 13 kilos, faut toujours voir le bon côté des choses. Les premiers jours passent et je finis quand même par m'intégrer, de toute façon je n'ai pas bien le choix et je suis partie pour y rester un moment. Puis bon je constate que plein de jeunes sont dans la même situation que moi, si ce n'est plus. Le centre est en haut d'un village et tout autour, il y a des bars, dont un karaoké. Afin d'oublier nos malheurs de la journée, le soir, on sort se détendre un peu. Les jours passent et se ressemblent, les gendarmes et les experts défilent. Ce que je me souviens de ce jour-là passe en boucle dans ma tête. J'arrive sur les coups de 13 h 30 chez la mère de Dany, en voiture avec mon mari. Je le dépose devant chez René, un peu plus bas, justement pour ne pas foutre la merde… je tape à sa porte, il m'ouvre. Je lui demande de récupérer mes affaires, lui dit que c'est terminé, que j'ai bien réfléchi. Il me demande à plusieurs reprises si je suis sûr de moi. « T'es sûre ? » « Oui ! » et là je le vois sortir une bouteille de Volvic au ¾ pleine et m'asperge d'un liquide bleuâtre. Cette odeur m'envahit les narines, je la connais, mais ne percute pas tout de suite… Je pars en courant en criant Yoann de toutes mes forces. Et là, ce bruit très distinctif d'un zippo qui s'ouvre, la chaleur qui envahit mon corps. Panique, les flammes, aucune issue, je continue en direction de Yoann en essayant tant bien que mal de protéger mon visage. Par chance, il n'est pas très loin et me rejoint au plus vite alerté par mes hurlements, il me fait un croche-pied afin de m'immobiliser et me jette sa veste dessus pour étouffer le feu. La douleur sur le moment, je ne la ressens pas, la peur prend le dessus. Dernier souvenir, la sirène des pompiers qui retentit au loin. Je sens qu'on m'arrose d'un produit glacial, une piqûre puis plus rien… Petit moment de lucidité, les hélices d'un hélicoptère cognent dans ma tête. Puis me voilà partie dans le néant d'un coma peuplé de rêves psychédéliques. Effet de la kétamine qu'on m'injecte dans le but de me maintenir endormie. J'en passe par des épisodes des Simpson et autres scènes complètement improbables. De temps à autre, j'entrouvre les yeux durant les soins, mais ça reste bref…

La reconstruction

Par des chemins divers, les Hommes peuvent gravir les montagnes ; chaque sentier découvre des vues différentes sublimes. Mais quand ils parviennent au fier sommet, c'est la même lune souriante qui charme leurs regards.

Docteur Kato

Donc me voilà partie pour des semaines, voire des mois de rééducation. Mon père monte me voir toutes les trois semaines environ et me ramène tout ce dont j'ai besoin. Je fais des tas de connaissances plus ou moins intéressantes. Il est bien évident que se font et se défont quelques amourettes passagères, dans le doute que l'on soit toujours désirables après avoir été défigurée. Faut dire qu'entre éclopés, on se comprend tous évidemment, là-bas c'est un monde complètement à part. Les interdictions et soins lorsque l'on a été brûlé ou amputé sont hard. Vêtements de contentions, cagoule comprise, attelage aussi. Tous produit excitant banni, alcool, tabac, café, etc. Mais bien sûr, ils sont sérieux ou quoi ! mais bon, on serre les fesses toute la journée et quand vient le soir, on relâche totalement la pression. Toute séance est une souffrance, les bords de greffes qui craquent çà et là ! La circulation sanguine qui se reforme, un Enfer ! Tous les matins, on paye de nos soirées, mais en même temps, c'est le seul moyen qu'on a pour décompresser. Enfin voilà quoi ! Mais le pire quand même, c'est qu'il a l'audace de m'écrire pour mon anniversaire, pour me demander si je viendrai le voir au parloir, sa mère m'envoie des chocolats. Non, mais franchement, à quel moment j'irai le voir au parloir, hormis pour lui cracher à la gueule toute la haine que j'éprouve. Il n'y a pas un moment où quand je me regarde dans la glace où ce n'est pas sa face que je vois ! Bref j'y reste jusqu'en juin puis je demande à être transférée dans un centre de rééducation maritime à Zuydcoote dans le Nord Pas de Calais pour me rapprocher de chez ma mère afin de pouvoir rentrer les Week-ends. Bien sûr, c'est beaucoup moins élaboré comme endroit, mais bon on peut profiter de la plage au moins, même si le soleil et la mer sont proscrits. Ce sont du coup les premières fois que je revois des gens qui me connaissent d'avant le drame et les regards ne sont pas toujours faciles à avaler. Je me trouve un petit copain qui a eu un accident de moto et qui est quand même pas mal amoché. En fauteuil roulant et tout le bordel. On reste quelque temps ensembles, il me fait de la peine et me retrouver à l'aider dans son quotidien me permet de me reconstruire plus facilement. Je passe des week-ends chez lui puis du jour au lendemain, je disparais comme d'habitude sans laisser de traces…

Je dois censément avoir un rendez-vous avec mon chirurgien à Toulon afin de programmer une nouvelle opération. Je fais donc des pieds et des mains à mon père pour qu'il me paye le billet d'avion pour Nice. Et me voilà à l'aéroport, mon père essaie de me préserver en demandant à des amis à lui de m'héberger chez eux à la Villette et de ne me laisser sortir sous aucun prétexte. Il est loin d'être bête, il sait que je vais chercher la moindre occasion possible pour essayer de retrouver Yoann. Mais bon, j'ai envie de dire qu'on ne peut éviter l'inévitable… il m'emmène à l'hôpital de Toulon pour mon rendez-vous qui n'aboutira pas, car monsieur n'avait pas voulu me conduire à celui avec l'anesthésiste pourtant obligatoire, bref…

Après cette semaine sur Lantosque, j'étais censée retourner chez ma mère, mais évidemment, il a fallu que je fasse un vié à mon père pour rester là… J'essaie de profiter de l'été de mes 21 ans, bien amochée, mais debout et vivante malgré tout. Puis bon, il finit bien par arriver ce jour où je me retrouve face à face avec mon époux, et voilà on est reparti pour un tour encore et encore. C'est dingue l'alchimie qui peut se passer à chaque fois que je croise son regard, encore à l'heure d'aujourd'hui, il m'est difficile de rester impassible en sa présence. Mon père me renie, il commence sérieusement à en avoir marre que je retombe dans ses bras à chaque fois. On squatte donc chez poto, un vieil handicapé qui touche la cotorep, crasseux et camé jusqu'à l'os, la totale quoi ! Mais bon, pas le choix, c'est ça ou la rue. On vit de bric et de broc, on fume joint sur joint, Subutex et compagnie, ça sent la mort, son chien pisse partout sur le lino. Fin septembre, je retourne me faire opérer de la bouche, je reste quatre semaines en rééduc et je fraude le train pour rentrer, plein le cul. Puis un bon matin, on va couper du bois, c'est bientôt le printemps et ça fait quelques semaines que je n'ai pas mes règles. Je lui en parle puis je fais un test, deux tests, trois tests, tous positifs. Moi je suis heureuse, je prends rendez-vous chez le gynéco, on est le 8 mars 2012, la journée de la femme et je suis enceinte de deux mois ! Je le vois ce petit être au travers d'un écran, tout petit, deux centimètres à peine, un petit rond en guise de ventre, deux bras, deux jambes minuscules, on dirait un têtard en évolution. Fille ou garçon ça m'est égal, tout ce que je veux c'est sa santé, son bonheur. Voilà que se pose la question du prénom, si c'est un garçon Maxence, si c'est une fille Mathilda. Et ce sera Maxence. Voilà, maintenant il s'agit de se sortir les doigts du cul, car on ne peut pas accueillir ce bébé dans ces conditions. Je touche un peu des ronds de mes indemnités, on s'achète une voiture correcte (SAAB 9-5) et on commence les préparatifs pour son arrivée. Yoann bosse à Virbac en intérim et moi je vends des fromages de chèvre sur le marché. Bien sûr tous ces mange-merdes de la Vallée refusent de nous louer un appartement. Ouf, on arrive à se faire louer ou du moins sous-louer un deux-pièces sur Belvédère, il était temps, car j'entame mon septième mois de grossesse. Virbac c'est une entreprise de fabrication pharmaceutique pour les animaux et Yoann bosse au prélèvement des médocs, c'est là qu'il découvre le Zolpidem, substance très proche de la Kétamine. Et là, ça part en cacahuète, combien de fois je le retrouve à moitié mort, sous la douche et il faut que je le sorte de là enceinte jusqu'au front. Jusqu'au jour où je suis obligée de faire appel aux pompiers, car je n'y arrive plus seule… Un jour, il se casse le pied au boulot et heureusement il est obligé d'arrêter un mois et demi de bosser, mais il arrive à sortir 50 grammes de ce produit avant. Je finis par trouver la marchandise et jette tout dans les chiottes…

Nous sommes à quatre semaines de l'accouchement. Ces dernières semaines se passent plus ou moins bien, c'est la saison des mûres donc entre ça et la pêche, j'arrive à le faire revenir peu à peu sur terre. Et arrive le moment tant attendu, on est le vendredi 21 septembre 2012, j'ai envie d'une pizza et ça tombe bien la petite pizzeria du coin est ouverte. À presque 20 heures, on s'y rend à pied et quand sonnent les cloches, devant la porte de l'Église, une douleur me déchire le ventre et je me plie en deux. Il n'y a pas de doute, le travail commence. Moi pas stressée pour deux sous décide qu'on ira mangés cette pizza coûte que coûte. 21 h 20, là ça commence à être atroce donc on finit par appeler les pompiers. Je crois que la route ne m'a jamais paru aussi longue, je tambourine les parois du fourgon à chaque contraction.

22 h 30, je suis enfin en salle d'accouchement, pose de la péridurale ratée, donc je ne cesse de crier.

22 septembre, 2 h 37 du matin, notre petit ange pointe enfin le petit bout de son nez. Il est tout simplement tout ce qu'il y a de plus parfait. La plus belle rencontre de ma vie, mon fils. Trois jours se passent à la maternité, tout le monde va bien, on est de retour à la maison. S'enchaînent les coups de stress de maman en formation, coliques, bronchiolites et autres désagréments du nourrisson, mais je m'en sors plutôt bien. Décembre arrive et nous partons passer les fêtes chez ma mère. Et on décide de changer de

vie, mon beau-père trouve du taf à Yoann, ma mère nous trouve un deux-pièces pas trop cher afin que nous puissions repartir dans de bonnes conditions. On s'installe, on ne connaît personne, tout porte à croire que notre vie va enfin changer.

On peut toujours plus que ce que l'on croit pouvoir.

Joseph Kessel

Janvier 2013, je reçois une convocation pour le tribunal, ça y est le procès va avoir lieu. Ayant fait la reconstitution des faits un an avant, je pensais que tout était dit…

Nous sommes le 3 février et je suis là devant le tribunal de Nice avec mon avocat. Après deux années à courir devant les médecins, les experts pour établir le préjudice moral et esthétique subit et les gendarmes, pour moi il me semblait que c'était clair. Je suis là dans la salle et je le vois sur le banc des accusés. Le procès se tient à huis clos et heureusement, car vu mon état d'angoisse, je n'aurais pas supporté la vue de tout le monde qu'il y aurait pu avoir. Les questions fussent, le Jury est là à tous décortiqué pour se faire leur opinion de tout ça. Son avocate est féroce et elle balance sur la table des parties de mon journal intime qui a été retrouvé sur les lieux du drame.

Madame Bovary des Alpes-Maritimes, voilà comment l'avocat général me nomme… Lui, il est là, stoïque, très peu de son sort de sa bouche. Je ne sais pas ce que j'attends vraiment, mais un peu plus de considération de sa part aurait été bienvenue…

Je ne dis pas que le comportement que j'avais à l'époque était bien ou mal, je dis juste que dans la vie tout le monde commet des erreurs et personne ne mérite une telle sentence. Il est demandé au Jury de le déclarer coupable de violence aggravée alors que c'est tout de même une tentative de meurtre délibérée. On ose me proposer la violence aggravée pour qu'il fasse moins de prison en affirmant que l'indemnisation financière sera inchangée. Franchement même des millions n'effaceront jamais ce que j'ai subi, la douleur engendrée et les cicatrices éternelles. Il sera finalement reconnu coupable de tentative d'homicide non prémédité, c'est vrai qu'on se promène toujours avec un litre d'essence dans la poche.

Histoire close

Vis pour ce que demain a à t'offrir et non pour ce que hier t'a enlevé...

Voilà une page se tourne, ou même un chapitre se termine. Le verdict est tombé, il écope de dix ans de réclusion et doit me verser la somme de 106 000 euros moins les 30 pour 100 que je verse à mon avocat. Pas cher payé vous me direz, mais en soit rien ne pourra me faire oublier tout cela. À part le sourire de mes enfants et qui plus est au procès, j'apprends que je suis enceinte de mon deuxième petit bout. Il est grand temps de laisser tout ça derrière moi et d'avancer. Mon homme remonte son entreprise, on travaille tous les deux d'arrache-pied sur de gros chantiers afin de pouvoir se construire un bel avenir. J'encaisse le reste de mes indemnités, on place à gauche. Je suis sur les échafaudages en cloque jusqu'au cou malgré un cerclage et un bébé qui menace de sortir à tout moment. Maxence nous suit partout dans sa poussette. On est heureux... Malheureusement faut toujours qu'on soit rattrapés par notre passé, avec ses vices et ses travers. Monsieur se retrouve encore au beau milieu de sales histoires et c'est repartie pour un tour de manège, on replonge tous les deux puis sans faire semblant. On habite à quarante minutes de bois blanc le quartier de Lille puis avec la Belgique et la hollande pas loin, les prix sont deux fois moins chers que dans le sud et surtout y a de l'héroïne, chose rare chez nous. Et paf, en plein dans le mile, avec 10 balles tu peux pécho ta dose, autant vous dire que c'est la porte ouverte à toutes les fenêtres. Moi en cloque, je me retrouve au beau milieu de tiequar, deux, trois fois j'arrive à leur faire en travers en me barrant avec quelques cailloux dans la poche. C'est la merde, on est dedans bien comme il faut. Puis arrive le 8e mois de grossesse, un soir je perds les eaux, je suis en vrac... Coure chez mes parents pour que mon beau-père nous conduise à l'hôpital, Yoann laisse le petit à ma mère et nous rejoint à moto. Tout juste le temps que le gynéco m'enlève le cerclage et Théodore arrive, il est en souffrance, mais au final ça va...

2800 grammes mon petit bout, tout blond aux yeux bleus, il est 23 h, je suis épuisée. Je stresse, je suis en pleine redescente et j'ai peur qu'on m'enlève mon bébé. J'ai l'impression qu'on ne remontera jamais la pente. Il perd tous ses chantiers, moi je commence à bosser en intérim dans une usine de légume surgelé en Belgique, mais entre un bébé de 1 mois et demi et un de 14 mois c'est compliqué. Ma voiture fait des siennes puis mon homme lâche prise. On passe les fêtes de Noël dans sa famille en Normandie, histoire de se mettre au vert, mais rien n'y fait. Viens le printemps et il décide qu'il serait bien de se rapprocher de sa sœur qui habite en Isère, il descend en éclaireur, trouve du boulot, un logement, moi de mon côté, j'arrête tout et m'occupe de nos enfants. Je descends quelques semaines après en vacances puis quand je remonte, je prépare le déménagement. Au pied de la Chartreuse, c'est beau comme tout, on le rejoint. Je m'inscris à la mission locale et trouve tout de suite du boulot. Un contrat aidé sur trois ans dans une maison de retraite avec pour objectif de passer le diplôme d'aide-soignante. Arrivant sur une création de postes ayant pour but de soulager l'équipe ASH et l'équipe soignante, j'ai un peu de mal à trouver ma place, mais malgré quelques embûches, j'essaie de m'intégrer comme je peux. On n'habite pas très loin d'un bar lounge où on nous fait malheureusement trop de crédit, alors vas-y qu'on s'enquille les bouteilles de whisky… C'est un peu la débandade, je passe mon temps à courir derrière Yoann qui enchaîne les bastons, jusqu'à aller lui recoudre l'arcade avec une vieille aiguille en pleine rue.

Et nos vieux démons reviennent à la charge plus vite que prévu. On trouve une petite maison avec jardin à louer grâce à une collègue de boulot, je fais des pieds et des mains auprès de l'agence pour l'avoir. Je me dis que là-bas, on sera bien, un peu à l'écart du village. L'école catholique pas loin. Un poulailler, un chiot. Mais rien n'y fait, c'est toujours la même merde… picouze sur picouze. Aller-retour au quartier… Moi, je cumule tout, le boulot, les va et viens, les enfants, quand je rentre, pas besoin de vous faire un dessin, mais dès que je passe la porte, j'ai l'impression d'être à Beyrouth.

Janvier 2015, je fais rentrer Maxence à l'école catholique, il a tout juste deux ans et trois mois, mais je me dis que ça lui fera du bien de se sociabiliser avec le monde extérieur. Mais quand je bosse, l'autre a du mal à assumer son rôle de père et l'emmène à l'école un jour sur trois. Et le peu qu'il y dépose c'est toujours dans un état pitoyable. Il refréquente des personnes à ne pas avoir dans ses contacts. Passe encore un an et demi comme ça et je ne sais même pas comment on fait pour tenir debout. Je pars en live au taf, je tourne aux médocs… vient l'été 2016… Début juillet, j'ai posé quelques jours de vacances, alors on décide de prendre la route et on va se mettre au vert à bon accueil, ma ruine de famille… Pas d'électricité, pas de fenêtre, un toit fendu de tous les côtés et l'eau captée à la source. Lui, moi et nos petits bonhommes.

14 juillet 2016, fête nationale, feux d'artifice, mais ce coup-ci par chance il était défoncé et ne veut pas bouger. Gros attentat sur la promenade des Anglais… plusieurs morts et des centaines de blessés… Et là, bizarrement, je ressens le besoin de me rapprocher de ma famille et d'essayer qu'on reconstruise notre vie dans mon village natal. J'ai quelques sous de côté ce qui permettrait de commencer les travaux pour transformer la ruine en maison. Je connais mes capacités à trouver du boulot pour m'en sortir. On fait donc un voyage à Saint-Laurent-du-Pont pour récupérer des affaires, je balance ma démission et nous voilà partis dans une sacrée mission. Je fonde encore tous mes espoirs en Yoann, en ses capacités, en vain, mais c'est comme ça, quand on aime, on ne compte pas.

Les mois de juillet et août sont parfaits, je ne travaille pas, les enfants sont en vacances, il fait beau et chaud. À cause des embrouilles que Yoann a sur Saint-Laurent-du-Pont, on abandonne une partie de nos affaires comme d'habitude. Vient septembre, les petits font leur rentrée à l'école de Lantosque, je commence à travailler chez Somaïni à la boulangerie du village. Paye ta galère à vivre sans la douche, sans machine à laver, sans route, sans rien quoi. Faire chauffer de l'eau pour laver les gosses et le linge pour que tout le monde soit à peu près présentable à l'extérieur. Heureusement mon frère habite sur habite sur Roquebillière et il me laisse accès à la douche et à sa machine à laver de temps en temps. Il se passe peu de temps avant que Yoann ne refréquente ses anciennes connaissances peu fréquentables et ça continue encore et encore. Quartier, boule au ventre, argent dépensé dans de la merde. Les travaux n'avancent guère, commence l'automne, les jours raccourcissent et les nuits deviennent plus fraîches. Mon frère nous héberge donc, mais au prix des factures en retard et autres dépenses. Je casse l'embrayage de la voiture, 1300 euros de réparation… Les misères s'enchaînent. Arrivé l'hiver, on laisse notre chienne attachée sur le terrain, mais il ne monte que très rarement pour s'en occuper et elle finit par disparaître. L'hiver est là, plus de voiture, moteur serré… On a plus de tunes de côté, entre le matos pour la maison, les factures de mon frère et les dépenses occasionnées par la came, on est raide. Par chance, je bosse donc ça tient la barque.

Début d'année 2017, je prends enfin conscience que je suis une camée, mais avant tout une mère et qu'il faut que je fasse un choix. Soit la picouze, soit mes gosses, mais il est trop tard. J'arrête la drogue dure, mais Yoann n'a pas du tout la même optique que moi, il est convaincu qu'on peut concilier ces deux rôles. Je commence peu à peu à refuser d'aller chercher sa dose au quartier, mais il me le fait payer cher. Tous les matins, il reste planté devant la boulangerie en attendant que la pharmacie ouvre pour que je lui prenne des Co dolipranes qui calment son pseudo-manque. J'y descends quand même quelques fois, car il est violent. Mois de mars, on remonte habiter au beau milieu de notre forêt. On prend des chevaux, il manquait plus que ça à nos emmerdes. On rachète une voiture, même deux, une pour lui aussi. Il est de pis en pis, une estrasse, j'ai honte…

Notre réputation est de plus en plus mal vue et c'est de plus du tout gérable. Puis un jour, il m'envoie encore une fois au moulin pour toucher sa dose. Je suis tellement en stress sur la route du retour de peur de me faire arrêter avec de la C sur moi, que je ne vois pas qu'il y a un feu rouge dans le premier tunnel de la vallée. Et bim, me voilà encastrée dans la voiture de devant, par chance je n'ai pas grand-chose donc je fais juste venir une dépanneuse.

Je rentre chez moi, les chevaux se sont échappés, monte vers les granges pour les récupérer. J'en monte un et me voilà à terre. Je finis chez le docteur avec un arrêt maladie sur les pattes. Mon patron raconte à qui veut bien l'entendre que je ne viens pas bosser, car je suis une camée. Je pète un plomb et balance ma démission…

J'y arrive plus, c'est de pis en pis à la maison… Ça devient dangereux de vivre dans ces conditions.

Le dimanche 7 mai 2017, jour des élections présidentiel. Je descends voter et je tombe sur le plus ancien gendarme du coin. Je lui raconte ce qui m'arrive, je pleure, je ne sais plus quoi faire. Mon mari étant convoqué à la gendarmerie le mardi qui suit pour une tout autre affaire, je conviens de le trahir…

C'est triste, mais ce fut ma dernière solution. 9 mai, je le dépose à la gendarmerie, et le temps qu'il soit entendu, je dépose plainte contre lui. Le reste s'enchaîne très vite. Les gendarmes viennent à notre domicile et ne peuvent que constater les conditions précaires dans lesquelles on vit. Ils trouvent également près de 200 grammes de weed dissimulées un peu partout…

Ils m'interdisent de vivre dans ce domicile précaire, je pars donc m'installer avec les enfants chez mon frère. Quelques jours plus tard, il fait une tentative de suicide. Par chance, je le retrouve à temps et empêche le drame. Arrivent les pompiers et les gendarmes, il se retrouve hospitalisé à Sainte-Marie quelques semaines. S'enchaînent tout un tas d'événements qui me font perdre la tête, 6 juin j'ai un accident de voiture, on me suspens mon permis de conduire. La misère, je prends rendez-vous avec les assistantes sociales pour qu'elles me viennent en aide. Malheureusement, elles n'agiront pas comme je l'espérais et leur décision fut radicale.

22 juin 2017, les gendarmes tapent à ma porte avec elles, et là on me demande de préparer un sac avec quelques affaires et ils partent avec mes fils…

Épilogue

Si vous souhaitez découvrir la suite de mes aventures (ou mésaventures), je vous invite à attendre mon prochain livre qui est en cours d'écriture.

Imprimé en Allemagne
Achevé d'imprimer en novembre 2022
Dépôt légal : novembre 2022

Pour

Le Lys Bleu Éditions
40, rue du Louvre
75001 Paris

www.ingramcontent.com/pod-product-compliance
Lightning Source LLC
Chambersburg PA
CBHW062347010826
49168CB00024B/305

* 9 7 9 1 0 3 7 7 7 8 0 2 4 *